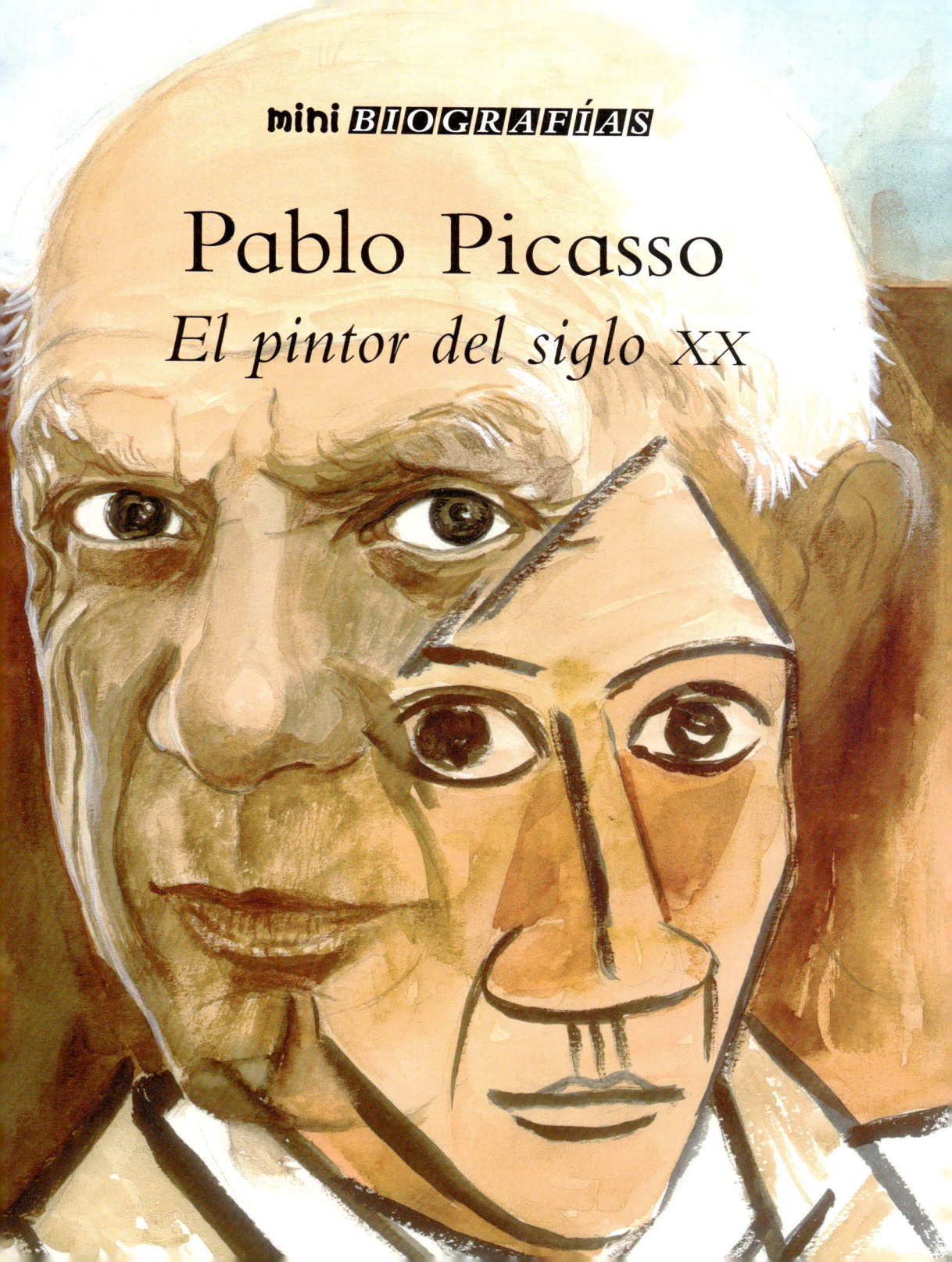

Textos: José Morán
Revisión: Isabel López
Ilustraciones: Carmen Guerra
Diseño y realización: delicado diseño

© SUSAETA EDICIONES, S.A.
C/ Campezo, 13 - 28022 Madrid
Tel.: 91 3009100 - Fax: 91 3009118
Impreso y encuadernado en España
www.susaeta.com

Cualquier forma de reproducción, distribución, comunicación pública o transformación de esta obra solo puede ser realizada con la autorización de sus titulares, salvo excepción prevista por la ley. Diríjase a CEDRO (Centro Español de Derechos Reprográficos) si necesita fotocopiar o escanear algún fragmento de esta obra (www.conlicencia.com; 91 702 19 70 / 93 272 04 47).

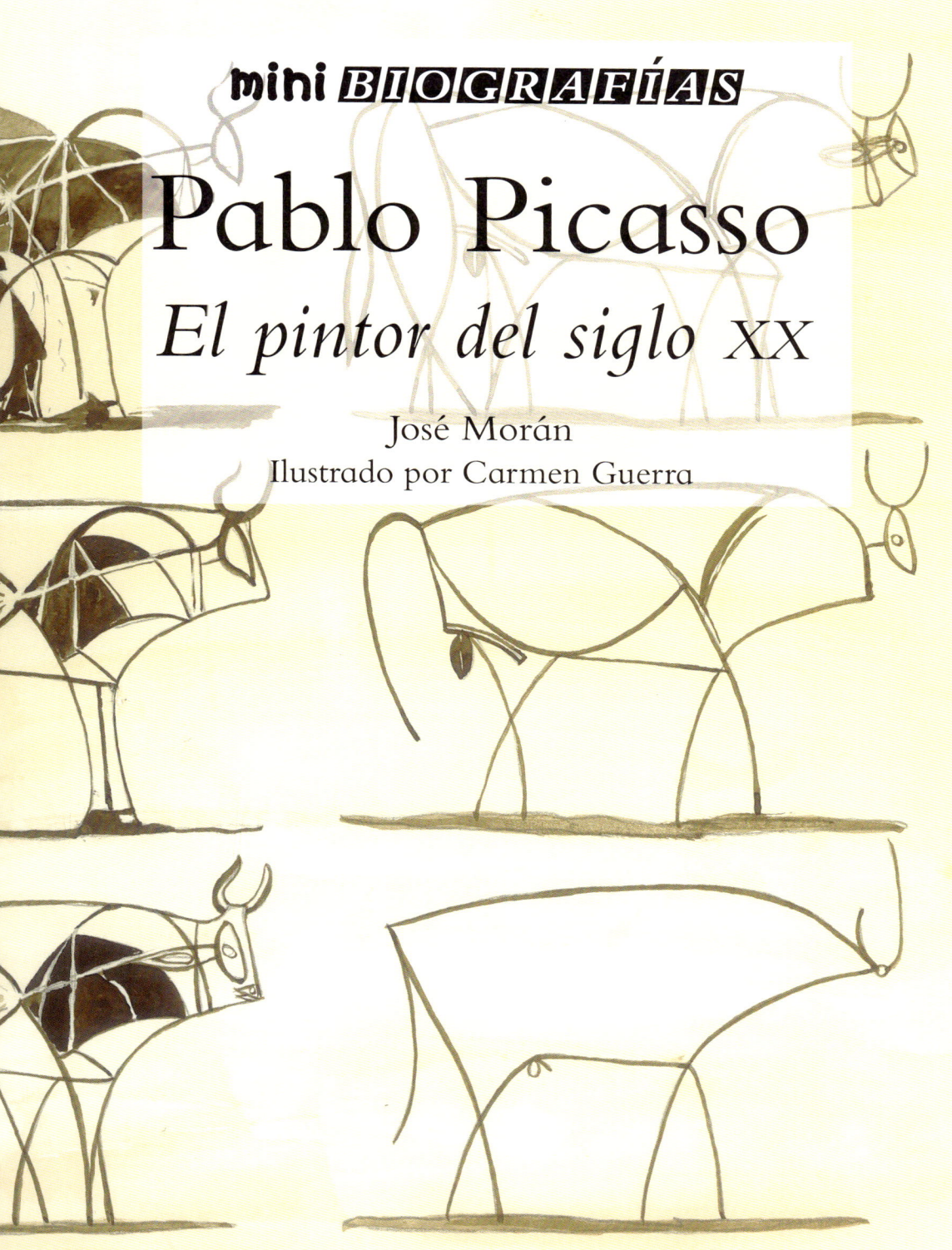

mini BIOGRAFÍAS

Pablo Picasso

El pintor del siglo XX

José Morán
Ilustrado por Carmen Guerra

Sumario

- Un volcán en erupción 6
- Picasso niño (1881-1894) 8
- Picasso joven (1895-1900) 10
- París (1901-1906) 12
- El éxito (1907-1927) 14
- ¿Cómo era Picasso? 16
- Escultor (1928-1935) 18
- Tiempos de guerra (1936-1945) 20
- Ceramista (1946-1957) 22
- Multimillonario 24
- Sus amigos 26
- Picasso y las mujeres 28
- Últimos años (1958-1973) 30
- Picasso después de Picasso 32

Un volcán en erupción

Pablo Picasso (1881-1973) fue el artista más importante del siglo XX. Revolucionó la pintura y abrió nuevos caminos expresivos. Pero además destacó como escultor, ilustrador de libros, ceramista y grabador; incluso escribió una obra de teatro y un libro de poesía. Pocas personas de su tiempo gozaron de tanta popularidad o consiguieron atesorar una fortuna como la suya gracias a su trabajo. Porque trabajar, para él, siempre fue lo más importante de la vida. Trabajó muchísimo. Tenía una vitalidad increíble. Era como un volcán en erupción. También es famoso Picasso por otros aspectos de su vida distintos de su creación artística, como su marcada personalidad,

su relación con las numerosas mujeres a las que amó, que inspiraron buena parte de su inmensa obra, y por su trayectoria ideológica, siempre muy personal.

Su biografía, por lo demás, está salpicada de curiosas historias que han originado numerosas leyendas, no todas verdaderas. Picasso fue todo un personaje. Su vida resulta apasionante. Y su asombrosa obra ha quedado para siempre.

Picasso niño (1881-1894)

Pablo Ruiz Picasso **nació en Málaga** en 1881. Su padre se llamaba José y su madre María. Tuvo dos hermanas pequeñas: Lola y Conchita.
A Picasso le bautizaron como Pablo Diego Santiago José Francisco de Paula Juan Nepomuceno Remedios y Cipriano de la Santísima Trinidad...

Vivió de milagro

Cuando Pablo nació, no respiraba y su cuerpo estaba morado. Todos pensaron que había muerto. Hasta que el médico echó el humo de su cigarro sobre el rostro del niño. Entonces, el bebé empezó a toser y a llorar...

Su primera palabra

La primera palabra que dijo no fue «mamá», sino «piz», señalando un lápiz. Desde muy pequeño le encantaba emborronar paredes y cuadernos con sus garabatos. Fue un niño prodigio: con siete años era capaz de dibujar cualquier objeto con gran realismo.

Sin cadenas

Siempre iba a su aire. Se escapaba al barrio de los gitanos, que le enseñaron a bailar flamenco y... a fumar por la nariz en lugar de por la boca.

Los números

Cuando Pablo cumplió diez años, la familia Picasso se mudó a La Coruña, porque a su padre (que era pintor y profesor de dibujo) le pagaban más. En la escuela, Picasso se quedaba como hipnotizado cuando el maestro escribía números en la pizarra. Y no porque le gustara la aritmética, sino porque le fascinaban las formas de los números.

El primer amor

A los trece años se enamoró de una chica de buena familia llamada Ángeles. Cuando los padres de ella se enteraron, se la llevaron a otra ciudad, pues no querían que se relacionase con alguien de menor categoría social. Pablo, desde entonces, fue un rebelde.

El primer dolor

Al año siguiente se murió Conchita, su hermana pequeña. Durante la enfermedad de la niña, Pablo prometió a Dios no volver a pintar si su hermana se curaba. Como falleció, pensó que aquello era una señal: decidió dedicar su vida a pintar. Desde entonces, la obsesión por la muerte le acompañó siempre.

SORPRENDENTE

A los trece años, Pablo ya dibujaba mejor que su padre (¡que era un pintor profesional!). Entonces don José, herido y a la vez orgulloso del talento de su hijo, le regaló sus lienzos y pinturas. Había decidido no pintar más.

Picasso joven (1895-1900)

Entre los catorce y los diecinueve años, Picasso se dedicó a formarse como pintor. El joven **Pablo adquirió pronto fama de vampiro** por su impresionante capacidad para alimentarse de lo mejor de los grandes pintores con sólo observar sus obras. Por otra parte, su asombrosa destreza técnica parecía innata. A los veinte años, ya lo había aprendido casi todo.

Barcelona

En 1895, **los Picasso se fueron a vivir a Barcelona**. Don José consiguió allí una plaza de profesor. Pablo se iba a matricular **en la Escuela de Bellas Artes**. La prueba de ingreso consistía en presentar un dibujo en el plazo de un mes. Pablo lo presentó... dos días después. **Los profesores se quedaron perplejos al ver cómo dibujaba**. Accedió directamente a los cursos de perfeccionamiento.

Madrid

En 1897, Picasso parte a Madrid para estudiar en la prestigiosa Escuela de Bellas Artes de San Fernando. Pero allí se aburría... No tenían mucho que enseñarle. De modo que **dedicó lo mejor de su tiempo a visitar el Museo del Prado,** en donde estudió por su cuenta las obras maestras de la historia de la pintura. Sin embargo, enfermó de escarlatina, por lo que tuvo que regresar a Barcelona.

Horta

Cuando mejoró, se fue a pasar la larga convalecencia de ocho meses a Horta del Ebro, un **pueblo catalán que fue para Picasso una especie de paraíso.** En Horta realizó faenas campesinas, pintó paisajes, pernoctó con frecuencia al raso o en cuevas. Nunca olvidó aquella vida sencilla, casi salvaje, en contacto con la naturaleza.

> # ¿Sabías...
>
> ...que **el primer cuadro de gran formato de Picasso (*La Primera Comunión*) lo pintó cuando sólo tenía catorce años?** Se expuso en Barcelona junto a otras pinturas de autores consagrados. Tal era la precocidad de Picasso. Siendo ya viejo, declaró: «A los doce años sabía pintar como un Rafael, pero necesité toda una vida para aprender a pintar como un niño».

Primera exposición

De regreso a Barcelona en 1900, **a los diecinueve años, realizó su primera exposición.** Fue en *Els Quatre Gats,* un café bohemio que frecuentaba Picasso junto a otros artistas, como Gaudí, Zuloaga, Rubén Darío, Santiago Rusiñol, Isaac Albéniz y en donde se reunían para hablar.

París (1901-1906)

París era la capital de la cultura. Allí nacían todos los movimientos artísticos. Y como Picasso era un joven ávido de novedades, se fue a París. Al principio, vivió momentos difíciles. Pasó hambre y conoció la miseria, pero **allí siempre se sintió como pez en el agua.**

La pobreza

Apenas tenía dinero. **Podía comer porque el dueño de una taberna aceptó que le pagara con cuadros.** Había días en que pintaba por lo menos tres… Un galerista le ofreció 150 francos mensuales a cambio de todo lo que pintara. No era mucho, pero le alcanzaba para pagar la pensión donde malvivía. Todo mejoró cuando Gertrude Stein, una coleccionista americana, empezó a comprarle cuadros a un precio razonable.

Una desgracia

La muerte de un ser querido volvió a cruzarse en su camino. **Su buen amigo el pintor Carlos Casagemas se suicidó** en 1901 al ser rechazado por Germaine, una bailarina de la que estaba enamorado. Picasso plasmó en sus cuadros de entonces la tristeza que sentía.

Azul

Así nació el llamado Periodo Azul de su pintura, que duró tres años, en el que **retrata, en tonos azules, a gente miserable, solitaria, doliente.** Los cuadros más famosos de esta etapa son *Mendigos junto al mar* y *La vida*. Tiempo después, los detractores de Picasso **llegaron a decir que utilizó el azul porque la pintura de ese color era la más barata...**

Rosa

En 1904 Picasso empieza el Periodo Rosa. **Su paleta se aclara,** parece menos triste. Sus cuadros están llenos de ternura, pero no abandona a los seres marginales. En esos años **frecuenta un circo de barrio y aprovecha para pintar arlequines, saltimbanquis, payasos...**

ANÉCDOTA

En 1902, **Picasso tenía que irse al servicio militar a Barcelona.** No le hacía ninguna gracia ingresar en el ejército. **Consiguió librarse porque su tío,** el hermano de su padre, **le dio dos mil pesetas** (que entonces era mucho dinero) para eludir legalmente el compromiso. Aquélla era una práctica muy utilizada por la gente rica. Sólo los pobres iban a la «mili».

Negra

En 1905, Picasso **visitó una muestra en la que se exponían esculturas primitivas africanas e ibéricas.** Quedó conmocionado. Además de esas formas simplificadas que tanto influyeron en su obra, le impresionó el sentido mágico de aquellas figuras, a las que veía como **amuletos que conjuraban el mal.**

El éxito (1907-1927)

Cuando el Cubismo triunfó, Picasso se convirtió en un artista famoso y cotizado. Quedaron atrás para siempre sus años de penuria. Pero era un inconformista.

Su temperamento creativo le hacía experimentar y cambiar continuamente de estilo. También lo hacía porque otros pintores le imitaban.

El Cubismo

En 1907, Picasso pintó *Las señoritas de Avignon*. Esta obra constituye una ruptura radical con toda la pintura anterior. Las toscas figuras femeninas de la escena aparecen descompuestas, se ven de frente y perfil a la vez. Había nacido el Cubismo. Como sus amigos y otros pintores **se quedaron espantados al ver el cuadro**, Picasso lo tuvo guardado durante nueve años antes de atreverse a exponerlo al público.

Malos años

En 1913 **murió su padre**. El suceso le produjo una depresión. El año siguiente **estalló la Primera Guerra Mundial**. Él no tenía que combatir, pero casi todos sus amigos se fueron al frente. Algunos no volvieron, o regresaron lisiados o locos. Otro gran dolor le esperaba en 1915: la prematura **muerte de su nueva amante, Eva Gouel** (que había sustituido a Fernande, una modelo).

El clasicismo

Cuando termina la guerra, Picasso **viaja a Roma**, donde se familiariza con el arte clásico. Picasso lo vampiriza y transforma a su modo. Uno de sus mejores cuadros de entonces es *La carrera*.

El Surrealismo

Hacia 1925, Picasso pinta influido por el movimiento surrealista (que busca mundos interiores a partir de lo irracional y de los sueños). **Sus cuadros de ese periodo resultan complicados y misteriosos, como extrañas pesadillas.** Un buen ejemplo es la famosa *Bañista con libro*.

Primer hijo

En Italia conoció a **la bailarina rusa Olga Koklowa**. Se casaron en 1918 y tuvieron **un hijo, Paulo**, nacido en 1921. **Picasso, durante esos años, vive a lo grande.** Se compra una casa enorme en París y una mansión junto al Mediterráneo, su mujer organiza fiestas para la alta sociedad, tienen muchos criados…

DIJO…

Siempre se ha dicho que Picasso era un buscador. Él, sin embargo, respondía: **«Yo no busco, encuentro».**

También decía: «Todos se empeñan en comprender el arte. ¿Por qué no se intenta comprender el canto de los pájaros? ¿Por qué nos gustan las flores, la noche, lo que nos rodea, sin que intentemos comprenderlo?

¿Cómo era Picasso?

Bajito, fuerte, de buena salud, trabajador, hablador, fumador, nada bebedor, aficionado a los toros, desordenado, instintivo, supersticioso, pacifista, individualista, seductor, enamoradizo, muy celoso, con mucho genio, imprevisible, inconstante, con unos ojos negros que jamás pestañeaban y todo lo captaban…

Picasso fue un hombre con una personalidad muy marcada.

Muy trabajador

Siempre destacó su capacidad de trabajo. No por casualidad **es el pintor más prolífico de la historia**. El trabajo fue siempre lo más importante para él. Su tiempo era sagrado y no dejaba que nadie lo interrumpiera. Decía: «Cuando venga la inspiración, que me encuentre trabajando».
Trabajaba muchas horas al día, con frecuencia doce o más. Incluso en su prolongada vejez pintaba a veces hasta el amanecer.

Desordenado

Como a muchos artistas, le encantaba trabajar en medio del caos. Solía decir que **el desorden le inspiraba**. Su estudio era anárquico: lienzos apoyados en las paredes, pinceles por todas partes, paletas pringosas, montones de cerámicas, grabados y bocetos por doquier, libros, cartas sin abrir, juguetes de sus hijos por el suelo, mesas abarrotadas de cachivaches, bombillas sin pantalla, colillas aplastadas… Además, **prohibía que ordenaran su estudio.**

Supersticioso

Las supersticiones de Picasso rozaban lo enfermizo. No se conformaba con las típicas, como evitar cruzarse con un gato negro o dejar un paraguas abierto. **Cuando se cortaba las uñas, las recogía y se las daba a su mujer para que las destruyera:** no quería que cayeran en manos de algún brujo que hiciera magia negra con ellas. Y lo mismo mandaba hacer con **el pelo** cuando se lo cortaban… Jamás hizo testamento porque pensaba que, si lo hacía, moriría al día siguiente.

SORPRENDENTE

El catálogo completo de la obra artística autentificada de Picasso (que incluye pinturas, dibujos, bocetos, litografías, grabados, láminas, carteles, tapices, esculturas y cerámicas) **asciende a una cifra de… ¡casi 45.000 obras!** Para hacerse una idea de la capacidad de trabajo de Picasso, significa que **durante más de setenta años** (descontando sólo los domingos), **realizó dos obras diarias** de media.

Escultor (1928-1935)

Hacia 1928, Picasso encuentra otro campo para desarrollar su creatividad: la escultura. Frecuentó el estudio de Julio González, un escultor amigo suyo que también vivía en París. Compartieron muchas horas de trabajo. Picasso, siguiendo su instinto, realizó esculturas muy originales.

Entre basuras

Picasso fue uno de los pioneros del reciclaje artístico. Le emocionaba hacer *revivir* objetos *muertos*. Lo consideraba una pequeña victoria sobre la muerte, que tanto le aterraba.
A finales de los años veinte, Picasso husmeaba con frecuencia en los vertederos, cubos de basura y depósitos de chatarra en busca de objetos que le sirvieran para construir alguna escultura. Revolvía entre los restos y recogía las cosas más insólitas.

La vieja bici

Un día, en un vertedero, vio una bicicleta rota. Su imaginación se puso en marcha...
Se llevó a su estudio el sillín y el manillar. Y con ellos compuso su famosa *Cabeza de toro,* de la que nunca quiso separarse.

La cabra

Una de sus más célebres esculturas es *La cabra.* Para realizarla, se sirvió de materiales de desecho encontrados en sus excursiones a los basureros: un cesto de mimbre, pedazos de esterilla, macetas rotas, hojas de palmera... Tampoco quiso desprenderse jamás de esta curiosa escultura, que años después instaló en el jardín de una de sus villas, en Cannes.

El colador

Otro de sus más felices hallazgos en el ámbito de la escultura lo constituye una sencilla creación conocida como *Cabeza de mujer*. La hizo con… ¡un viejo **colador** de café!

ANÉCDOTA

En 1907, **encontró en un mercadillo unas esculturas ibéricas.** Le gustaron tanto que las compró, pero tuvo que devolverlas porque **las figuras provenían de un robo en el Museo del Louvre.** No acabó ahí la cosa. Cuatro años después, **cuando robaron la famosísima Mona Lisa** de Leonardo da Vinci, **¡Picasso fue uno de los principales sospechosos!** Lo vigilaron, tuvo que declarar en comisaría y casi lo meten en la cárcel…

Los caramelos

A **Picasso**, que **era muy goloso**, unos amigos le enviaban de vez en cuando caramelos suizos. Él guardaba **los papelillos brillantes** en que venían envueltos y los alisaba con la mano. Luego **hacía con ellos singulares pañuelos de cuello y vestidos de diseño** que pegaba en algunos retratos de mujer.

Tiempos de guerra (1936-1945)

El drama de la guerra despertó la conciencia política de Picasso. Cuando estalló la Guerra Civil Española, tomó partido por la República y fue nombrado director del Museo del Prado. Durante la Segunda Guerra Mundial, tuvo problemas con los nazis en París y **se afilió al Partido Comunista**. Tenía sesenta y tres años.

Crisis

Picasso estaba en plena crisis amorosa. **En 1935 había nacido su hija Maya.** Su madre era una joven llamada Marie Thérèse. Pero Olga, su esposa, no quería divorciarse de él. Además, Picasso tenía otra amante, la fotógrafa Dora Maar… Por si fuera poco, en 1939 **falleció su madre en Barcelona,** pero él no podía viajar a España sin riesgo a ser fusilado. Aquellos fueron los peores años de su vida. **Se sentía deprimido y estuvo a punto de abandonar la pintura.**

ANÉCDOTA

Cuando París fue liberado, las máximas atracciones para artistas, soldados y periodistas **eran la torre Eiffel y Picasso.** Él pintaba acuarelas con su hija, que ya tenía nueve años. Ponían a secar sus obras con pinzas en una cuerda. Muchos **hacían fotos a las acuarelas pensando que eran de Picasso** y como tal salían publicadas en los periódicos y revistas, pero la mitad las había pintado la niña…

El bombardeo

En abril de 1937, la aviación alemana, aliada de Franco, bombardeó un pueblo llamado Guernica y ametralló durante tres cuartos de hora a la población civil. Aquella salvajada conmocionó a Picasso.

El Guernica

Picasso eligió aquel drama como motivo de un gigantesco mural para la Exposición Universal de París. Lo llamó *Guernica* y **fue la única obra a la que él puso nombre.** El *Guernica* se convirtió en su pintura más valorada. **Simboliza el horror y el dolor infinitos que causan todas las guerras.** Picasso se negó a que el cuadro viajara a España mientras no hubiera democracia. Por eso la obra más famosa del siglo XX permaneció en Nueva York hasta 1981.

La paz

Cuando terminó la Segunda Guerra Mundial en 1945, Picasso, gracias al *Guernica*, se convirtió en el artista más popular y cotizado del mundo. Poco después le encargaron un cartel para el Congreso de la Paz. Él **pintó una paloma, que es desde entonces símbolo universal de la paz.**

Ceramista (1946-1957)

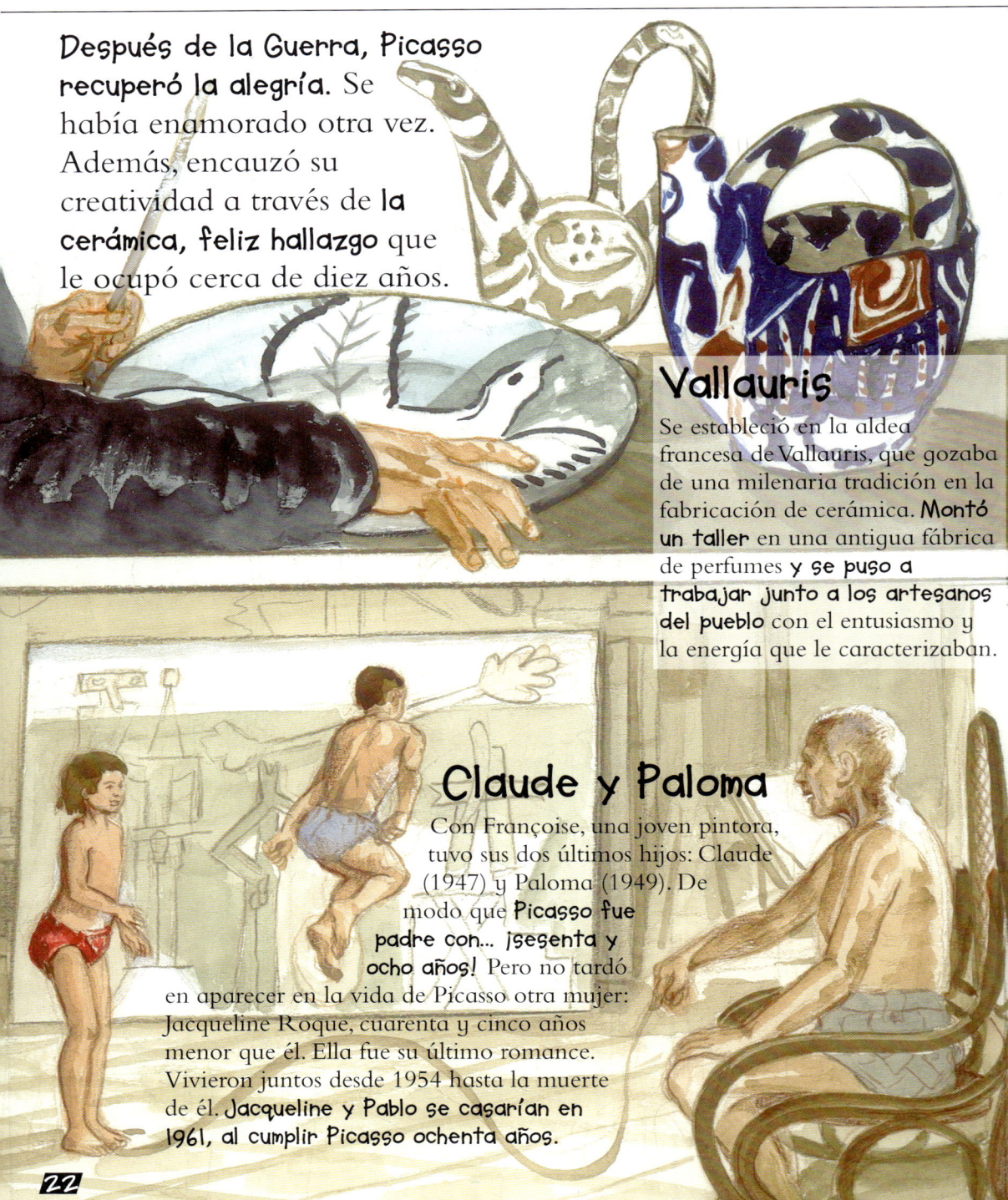

Después de la Guerra, Picasso recuperó la alegría. Se había enamorado otra vez. Además, encauzó su creatividad a través de **la cerámica, feliz hallazgo** que le ocupó cerca de diez años.

Vallauris

Se estableció en la aldea francesa de Vallauris, que gozaba de una milenaria tradición en la fabricación de cerámica. **Montó un taller** en una antigua fábrica de perfumes y **se puso a trabajar junto a los artesanos del pueblo** con el entusiasmo y la energía que le caracterizaban.

Claude y Paloma

Con Françoise, una joven pintora, tuvo sus dos últimos hijos: Claude (1947) y Paloma (1949). De modo que **Picasso fue padre con... ¡sesenta y ocho años!** Pero no tardó en aparecer en la vida de Picasso otra mujer: Jacqueline Roque, cuarenta y cinco años menor que él. Ella fue su último romance. Vivieron juntos desde 1954 hasta la muerte de él. **Jacqueline y Pablo se casarían en 1961**, al cumplir Picasso ochenta años.

Increíble

Picasso se entusiasmó con la cerámica. Se fascinó desde el primer momento. Tanto que, **en el primer año de Vallauris, realizó ¡más de dos mil piezas!** Platos, jarras, fuentes, botellas, azulejos, collares... Todas las piezas las pintaba con motivos diferentes, muy originales: mujeres, peces, gatos, lechuzas...

Toros

Picasso era muy querido en Vallauris. Como los lugareños sabían de su gran afición a los toros, **se hizo tradición celebrar una corrida anual, presidida por Pablo, el día de su cumpleaños.** Para Picasso, aquel acontecimiento suponía volver con el corazón a España, a la que tanto añoraba, pues no podía regresar mientras siguiera Franco en el poder.

Gran negocio

Cuando se supo que Picasso se había establecido en Vallauris, **llegaron allí miles de coleccionistas y curiosos** provenientes de toda Europa para ver cómo trabajaba y comprar sus obras. **Cualquier pieza modelada o pintada por Picasso se la quitaban de las manos.** Aquello era una locura... y un gran negocio.

ANÉCDOTA

Realmente, Picasso, como la mayoría de los exiliados políticos, añoraba mucho España. Tanto que alguna vez hacía junto a Jacqueline un viaje imaginario a su querida tierra. **Pablo se ponía una capa y el típico sombrero andaluz, y ella una mantilla.** Y así vestidos, miraban en silencio fotografías de rincones queridos de su infancia y juventud a los que él jamás regresaría.

Multimillonario

Picasso **ganó una cantidad enorme de dinero a lo largo de su vida.** Así acabó con el viejo tópico del artista como un ser maldito, marginado y muerto de hambre. El pintor malagueño «convertía en oro» todo lo que tocaba. Por eso algunos se escandalizaban de que se declarase comunista.

Una gran fortuna

Cuando falleció Picasso, se tasaron todas sus pertenencias (mansiones, obras de arte, etc.). El valor de su fortuna, según su nieto Olivier, ascendía a 1.372.903.256 francos de entonces, equivalente a **700 millones de euros,** que se repartieron sus herederos y el Estado francés. Al cambio actual, habría que multiplicar esa cantidad por diez o más.

¿Era generoso?

Se sabe que **donó mucho dinero anónimamente** a lo largo de su vida. Gracias a su colaboración, se abrieron dos centros de acogida para niños, además de sus frecuentes ayudas a los refugiados políticos tras la Guerra Civil Española.

Una mansión

Nunca dejó de enviar dinero a su madre ni a su hermana. Y se gastó un dineral a lo largo de su vida en mantener a las distintas mujeres con las que convivió, a las que nunca les faltó nada. A **Dora Maar**, por ejemplo, que sufrió una fuerte depresión cuando se separaron, Picasso **le regaló una mansión** y se hizo cargo de todos los gastos médicos.

Un billete de 500

Un día, mientras tomaba café con unos amigos, **se le ocurrió firmar un billete de 500 francos**. Dijo: «Seguro que ahora vale el doble».
Y fue verdad. **Uno de los presentes consiguió venderlo por 1.000** francos.

ANÉCDOTA

Se cuenta que **muchos talones firmados por Picasso para pagar sus gastos corrientes** (compra, luz, agua, material de pintura, etc.) **nunca llegaban a cobrarse,** porque sus acreedores comprendieron que **su firma en el talón valía mucho más** que la cantidad de la factura...

Sus amigos

Muchos querían ser amigos de Picasso, pero la mayoría por interés. ¿Quiénes fueron sus verdaderos amigos? Es difícil saberlo... Además, no cabe duda de que prefería trabajar a estar con la gente. Su mejor amigo fue siempre el trabajo...

Primeros amigos

Se sabe que siempre **guardó buena relación con algunos viejos amigos de los tiempos de Barcelona**, cuando Pablo era casi un adolescente. Entre ellos, **Manuel Pallarés** (pintor de Horta, en cuya casa pasó largas temporadas). Su relación duró setenta años. Y también **Jaime Sabartés**, que fue su secretario particular durante varias décadas.

Artistas

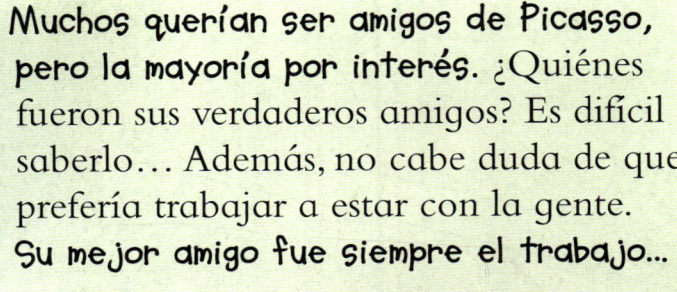

Entre los **pintores**, Picasso frecuentó a Derain, Braque (juntos, se inventaron el Cubismo), Gris y Matisse. Entre los **escritores**, destacó su amistad con los poetas Jacob, Éluard, Apollinaire y Cocteau. Siendo ya muy mayor, trató a Camus, Alberti, Sartre y Malraux. También fue amigo de **fotógrafos** como Man Ray, Brassaï, Cartier-Bresson y Duncan, del **escultor** Julio González y del **torero** Luis Miguel Dominguín.

Famosos

Muchos famosos intentaron que les recibiera Picasso. Entre los que consiguieron verle, están **Truman**, presidente de Estados Unidos, el actor **Gary Cooper** y la actriz **Brigitte Bardot**.

El picador

También se hizo Picasso amigo de **toreros, picadores y banderilleros** que participaban en las corridas de Vallauris. **A más de uno** que tuvo que retirarse pobre y tullido, empitonado por un toro, Picasso **le regaló un cuadro** para que pudiera venderlo y vivir así dignamente el resto de sus días.

El peluquero

A Picasso le atraía la amistad de la gente **sencilla**. Fue buen amigo de **su peluquero**, Eugenio Arias, conocido como «el barbero de Buitrago», un exiliado que **le cortaba el pelo de madrugada** y con el que iba a los toros. El maestro le regaló un plumier pirograbado, pieza muy original, que constituye la joya del Museo Picasso que el barbero fundó en Buitrago cuando regresó a España.

¿Sabías...

...que Dalí, artista aún más provocador que Picasso, declaró una vez: «Picasso es español. Yo también. Picasso es pintor. Yo también. Picasso es un genio. Yo también. Picasso es comunista. Yo tampoco...»? Aunque llegaron a conocerse, sus diferencias políticas hicieron imposible la amistad entre ambos.

Picasso y las mujeres

Más que una familia, Picasso formó una tribu. Convivió con muchas mujeres a lo largo de su vida. **Era inconstante;** con el tiempo se cansaba de su pareja y la cambiaba por otra. Fue un gran seductor, pero también **celoso y posesivo.**

Fernande
Con la modelo Fernande Olivier **compartió sus años de penuria** (1904-1910). Años después, Fernande escribió un libro sobre su relación con Picasso que a él no le gustó nada.

Eva
Hacia 1912 conoció a Eva Gouel, de la que se enamoró a primera vista. **Pero Eva enfermó y murió** tres años después. Picasso se desesperó.

Olga
Picasso se casó con la **bailarina rusa** Olga Koklova en 1918. **Le encantaba la vida aristocrática.** Fue la madre de su hijo Paulo.

Marie Thérèse
No tenía dieciocho años cuando conoció a Picasso. **El arte no le interesaba.** Fue madre de Maya.

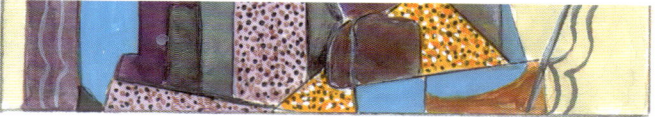

Dora

Dora Maar, una **fotógrafa** comprometida con la política, fue la musa de Picasso entre 1936 y 1944.

Françoise

Françoise Gilot era una joven **pintora**. Convivieron entre 1945 y 1954, y tuvieron dos hijos (Clauce y Paloma). **Fue la única mujer que abandonó a Picasso.**

SORPRENDENTE

Cuando Picasso sustituía a una mujer por otra, cambiaba todo en su vida: se mudaba de casa y estudio, empezaba a asistir a otra tertulia, admiraba a otro poeta, se compraba otro perro... Y, sobre todo, cambiaba su estilo pictórico. A su nueva mujer la retrataba entonces muchas veces, obsesivamente.

Y Jacqueline

Jacqueline Roque fue el último romance de Picasso. Convivieron desde 1954 hasta la muerte de Pablo. **Se casaron en 1961, cuando él tenía ochenta años y ella treinta y cinco.**

Últimos años (1958-1973)

Picasso ya era una leyenda en vida: el gran pintor del siglo XX, comunista y multimillonario, protagonista de escándalos amorosos, padre a la vez que abuelo... **Un verdadero filón para los periodistas.** Tanto que **decidió esconderse** y proseguir su labor creativa, en esta etapa, más libre, alegre y colorista.

Demasiada fama

En 1956 se compró una preciosa villa llamada *La Californie*, cerca de Cannes. Pero Picasso se convirtió en una atracción turística y decidió irse de allí. No le dejaban en paz. Jacqueline, su último amor, le ayudó a **recuperar la intimidad perdida.** Cerró las puertas a todo el mundo. Picasso quería una vejez creativa y tranquila. **Ya sólo le interesaban el trabajo y la familia.**

Nómada

Se compró un castillo del siglo XIV en la Provenza, que tenía treinta habitaciones. Tampoco permaneció allí demasiado tiempo, debido a su clima extremo. **Su último hogar fue Notre Dame de Vie,** una mansión situada en Mougins, un pueblecito de la Costa Azul. Trabajaba mucho. **Pintó en un año más de setenta retratos de Jacqueline.**

Sus mascotas

Picasso, con la edad, siente especial ternura por **sus mascotas: una familia de caracoles y**, sobre todo, **su perro Lump,** al que inmortaliza dibujándolo en platos de cerámica, los mismos platos en que come Picasso y que lame el perro hasta toparse con su propio rostro…

DIJO…

Aunque Picasso no era amigo de frases lapidarias, acuñó algunas dignas de pasar a la posteridad:
—*«Lleva tiempo llegar a ser joven».*
—*«Pienso en la muerte de la mañana a la noche, ¡es la amante que nunca abandona!»*
—***«En el fondo, lo único que importa es el amor».***

El final

Se ha dicho que el Picasso anciano seguía pintando porque era su forma de estar vivo. Trabajó hasta el día anterior a su muerte. **El último cuadro que pintó fue un pequeño autorretrato** titulado *La verdad.* **Falleció en Mougins el domingo 8 de abril de 1973, a los noventa y dos años.** Está enterrado en el jardín de su castillo de Vauvenargues.

Picasso después de Picasso

Con el paso del tiempo, el interés por la persona y la obra de Picasso ha seguido creciendo. Cuando falleció, catalogaron su obra completa. Nada menos que 1.185 pinturas, 7.089 dibujos, 1.228 esculturas, 6.112 litografías, 2.800 cerámicas, 18.095 grabados, 3.181 láminas, 149 cuadernos con 4.659 dibujos, 8 tapices y 11 tapicerías.

Durante un tiempo, la prensa sensacionalista habló de «la maldición Picasso», porque el mismo día de la muerte del pintor malagueño, se suicidó su nieto mayor, Pablito. Dos años después falleció prematuramente su hijo mayor, Paulo. En 1977 se suicidó Marie Thérèse, la madre de su hija Maya. Y, por fin, en 1986 seguía el mismo camino su última mujer, Jacqueline. Ese mismo año, ya restablecida la democracia en España, el Guernica viajó a Madrid, tal como siempre deseó su autor. En 2003 los reyes de España inauguraron el Museo Picasso de Málaga, el tercero dedicado íntegramente a su obra (junto a los de París y Barcelona). También el aeropuerto de Málaga, la ciudad que vio nacer a este español universal, lleva su nombre.